Le Timonier d'HAO

Le Timonier d'HAO

Georges BORDES

« Le code de la propriété intellectuelle et artistique n'autorisant, aux termes des alinéas 2 et 3 de l'article L.122-5, d'une part, que les « copies ou reproductions strictement réservées à l'usage privé du copiste et non destinées à une utilisation collective » et, d'autre part, que les analyses et les courtes citations dans un but d'exemple et d'illustration, « toute représentation ou reproduction intégrale, ou partielle, faite sans le consentement de l'auteur ou de ses ayants droit, est illicite » (alinéa 1er de l'article L.122-4).

Cette représentation ou reproduction, par quelque procédé que ce soit, constituerait donc une contrefaçon sanctionnée par les articles 425 et suivants du code pénal. »

© 2024 Georges BORDES
Édition : BoD · Books on Demand GmbH,
In de Tarpen 42, 22848 Norderstedt (Allemagne)
Impression : Libri Plureos GmbH, Friedensallee 273,
22763 Hamburg (Allemagne)

Illustrations
Couverture : ©Le Timonier d'HAO
Quatrième de couverture : ©bateau
Page 64 : ©Le Bachi
Page 96 : ©Toréador

ISBN : 978-2-3225-3464-7
Dépôt légal : Novembre 2024

Il allait vers ses vingt ans, le petit guitariste.

Très assidu en études, détenteur d'un bac S avec mention, il sentait mal son entrée en Faculté d'Avignon, de par la trop grande liberté qui semblait y régner. Il disait qu'il lui fallait une structure assez ferme encore, pour affiner ses doutes, et tout ce qu'il voulait faire et être.

Il se résolu donc à aller voir si la Terre était bien ronde, si les peuples et les montagnes étaient ce que l'on disait d'eux, si leur croyances, leurs cultures ou leurs nourritures quotidiennes valaient d'être vécues.

La Marine Nationale et ses horizons semblaient lui correspondre au mieux, et après concours, sélection et entrée, il a fait ses classes en sortant major de sa « promo » en ayant le choix de son affectation.

La Polynésie et Tahiti furent déterminants pour la suite de sa vie menée tambour battant. Le choix aussi de sa spécialité de Timonier, répondait à ses vœux, de savoir où aller et comment se diriger, à pied ou en bateau.

Amoureux de l'Eau, des Mers et Océans, les portes du Paradis lui étaient ouvertes. Vingt ans, célibataire, marin professionnel dans la Royale, embarqué en un tel lieu, lui, humble et réservé, ouvert et attentif aux autres, déterminé fermement dans ses actes et ses pensées, quelle destinée lui était offerte, pour tout découvrir de ce qu'il voyait.

Il s'y est jeté à corps perdu, dans la fougue de sa jeunesse prometteuse et saine, mais Dieu écrit droit, avec des courbes....

CHAPITRE 1

JE

Avec le Temps...
Ces souvenirs
Remerciements...et des maux pour les dire

Avec le Temps...

Je demande à la vie de me laisser tranquille,
Seul avec ma douleur qui gangrène mes jours,
Et s'étale la nuit en tache indélébile,
Au sablier des heures qui saignera toujours.

Une main a freiné la course du pendule,
Balancier de son Cœur, qui ne se battra plus
Sous le poids du harnais que la vie dissimule,
Le menant que trop tôt à la voie sans issue.

A l'instant de sa vie où il pouvait prétendre
Voir son front couronné des lauriers mérités,
Le Destin affûté est venu le surprendre,
Sans l'once d'un sursis comme on fauche les blés.

Le Jardinier Suprême quand il plante ses fleurs,
Pour égayer un temps son petit bout de Terre,
Connaît bien le moment et le jour, et puis l'heure,
Où Il fait de nos Vies un bouquet éphémère.

Et quand on veut crier, mêlant haines et prières,
On s'étonne tout bas face à nos désespoirs,
Qu'une Vie peut partir en coupant la lumière
Aux couleurs de nos jours pour un grand soleil noir.

Ce temps où désormais il sera immobile,
Silencieux et discret comme un axe de roue
Avance sans tourner, dans la ronde inutile
De nos vies désertées à en devenir fous.

L'ombre de sa présence donnait force et relief,
A ce tableau vivant qu'étaient nos existences,
Devenues à présent d'amertumes en griefs,
Une nature morte, un spectre de l'absence.

Adhérents officiels du cercle très fermé
Des parents orphelins de leur enfant unique,
Nous cherchons dans le ciel de nos nuits étoilées,
Pourquoi brillent ces points, disparus génésiques.

De lui que j'allais voir, en violant son sommeil,
Dans sa chambre d'enfant, dormant lèvres entrouvertes,
En train de mesurer ce champ plein de merveilles,
Et scintillant d'étoiles depuis longtemps désertes.

L'enfant est bien souvent l'orgueil de ses parents,
J'avais été flatté le jour où il m'a dit,
Suprême honneur d'un père, venant de son enfant :
"Qu'à part les liens du sang, il m'avait pour ami".

Et en joignant nos mains devant son corps inerte,

Avec ce qu'il nous reste de mots pour la prière,
Nous revoyons les siennes qu'il tenait grandes ouvertes,
Confiant dans cette Vie qu'il avait pour bannière.

Semblable à la cigale laborieuse à la vie,
Qui survit trois semaines pour quatre ans de cocon,
Enfant, je t'attendais pour être ton ami,
De tous mes chemins pris pour t'indiquer le bon.

Dans ce monde qui germe, quand tout s'immobilise
Par mon cœur mis en berne, à quoi bon l'analyse,
Lorsque j'entends pousser dans les tendres feuillages,
Les chants têtus d'oiseaux dans leurs nouveaux plumages,
Qui saluent le Printemps et la vie qui insiste,

Il n'avait pas vingt ans, mon petit guitariste.

Et il est reparti comme il était venu,
Dans sa tenue d'Adam, la Vie l'a mis à nu.
De son cachot humide il lui a tout rendu,
Comme un soupir amer, comme une bulle d'air,
Comme une tache d'huile qui flotte sur la mer,
Sa Liberté,
Son Ame,
Sa vie
Et son Enfer.

Mars 1998
Châteauneuf de Gadagne.
(Sans savoir)

Ces souvenirs

Ces souvenirs que j'ai de toi,
Des heures s'étirant, pour ta venue au monde,
Tes pleurs d'enfant à ceux de joie
Qui nous faisaient parents par ta mère féconde,
Tout ça pour rien, tout ça pourquoi...

Ces souvenirs que j'ai de toi,
Quand tes tous premiers pas ont fait tourner la terre,
Et qu'épuisé au creux des bras,
Tu souriais confiant, de nous voir aussi fiers,
Tout ça pour rien, tout ça pourquoi...

Ces souvenirs que j'ai de toi,
Par ces nuits angoissées pour tes excès de fièvre,
Disant pour la première fois
Cette peur engendrée par l'horreur de te perdre,
Tout ça pour rien, tout ça pourquoi...

Ces souvenirs que j'ai de toi,
En te voyant partir chercher ton équilibre,
L'instant d'après revenir droit,
Sur ton vélo d'enfant tu étais déjà libre,
Tout ça pour rien, tout ça pourquoi...

Ces souvenirs que j'ai de toi,
De ta tête penchée d'où ta langue s'applique,
Créant des lettres sous tes doigts
A celles qui nous manquent, cruelles et tyranniques,
Tout ça pour rien, tout ça pourquoi…

Ces souvenirs que j'ai de toi,
Tes succès triomphants en sourires pudiques
Grandissent encore le désarroi,
A l'ampleur de ta voix, à nos cœurs qui abdiquent.

Je te porte et t'emporte
Où je vais, où je suis,
Ton souvenir m'escorte
Autant que je le puis.

Mai 1998
Dieu écrit droit,
Avec des lignes courbes.

Remerciements...et des maux pour les dire

Par vos condoléances, vous êtes unanimes,
De stupeur en errance, les mots ne viennent pas.
La vie est en instance, elle se rend anonyme,
Le Cœur voudrait parler pour gommer ce trépas.

Et tous ces mots pourtant, il faut que je les trouve,
En mémoire du fils, déjà si loin de moi ;
Son absence irréelle, qu'à jamais je réprouve,
Que je touche du doigt, me fait sentir son poids.

Aux communs des mortels et leurs phrases assassines,
Qui ne peuvent savoir la détresse qu'on tend,
Car les peines actuelles, deviennent clandestines,
Je voudrai dire un mot...mais en ont-ils le temps...

Devant cet Officier d'Etat civil, qui tremble,
En priant le hasard, d'épargner sa maison,
Après avoir inscrit, les dates qui rassemblent
Le peu de temps qu'ici, a vécu mon garçon

Et c'était une femme, une mère, ce Greffier,
Pour clouer la souffrance, qui nous déclarera :
"Qu'elle nous faisait confiance", pour sans faute, amener
Cet Acte de décès officiel qu'on aura.

Comme si des parents, écrasés sous la peine,
A la gorge nouée d'un carcan douloureux,
Pouvaient substituer à nos Lois souveraines,
Un torchon de papier contre un fils bienheureux.

Le registre des hommes, vaut bien celui des Cieux,
Quand l'hôtesse recherche, une fois quémandée,
Dans la liste des noms un parent si précieux,
Si absent aux obsèques par un vol retardé,
Répond : "C'est bien votre fils que vous attendez » ? ...

Le spectre de la peine prend alors dimension,
Mais la douleur l'écrase sous sa chape de plomb,
Alors, vous répondez dans un pâle sourire :
"...non, c'est mon frère, son Parrain pour le pire"...

Mars 1998

CHAPITRE 2

TU

Pèlerin de grève
Amour vague
Ici ou ailleurs
La ceinture, la bourse et la vie
Tu te lèveras tôt
Ton nom inscrit sur l'Onde....
Rumeurs de Mer
Pourquoi
Pour te dire ma Peine
Mois de Marie
Mon complice
Laurent B. : Absent...............
Le Bachi
Les Trois Clefs
Les Ailes des Dauphins
Après Toi....

Pèlerin de grève

Rien n'a changé tu sais,
La route était déserte, la grande plage aussi,
La mer semblait inerte et l'air vidait la nuit.

Le bruissement soyeux de vagues délicates
Murmurait ton prénom en légère sonate,
Et des perles en cristal couronnaient tes galets
Qui n'attendaient que toi pour être retournés.

L'horizon était bas pour se fondre au plein ciel,
Pour se faire aussi doux qu'un chant de tourterelle,
Comme celle perchée dans ce petit matin,
Frileusement serrée sur la branche du pin.

Notre jardin secret dans sa proue de navire,
Tourné vers le grand large pour venir te chercher,
Est toujours parsemé de ta voix et tes rires,
Même s'il n'est que barge sur la grève échouée.

Ton petit tamaris et son duvet d'aneth
Qui n'était à tes yeux qu'un bras de balançoire,
Un mât, une oasis, un support de conquête,
Caresse jusqu'au sol son ombre en désespoir.

Des feuilles racornies piquées d'aiguilles rousses,
Gisent bien tristement sous l'angle de l'auvent,
Qui recevait jadis les butins d'un Surcouf,
Des crabes gigantesques et des poissons d'argent.

Et du gravier sonore qui révélait tes pas,
Au solarium soumis à tes ordres impérieux,
Ce jardin enchanté est si rempli de toi,
Que je peine à trouver la douceur de tes yeux.

Est-ce malédiction que de vivre aux Amphores,
De laisser son enfant s'élever par les flots,
Pour revenir plus tard, et toujours et encore,
Sur ces lieux où ta vie me revient sans un mot.

Sausset les Pins,
Un petit matin de Juin 99

Amour vague

J'ai croisé ta maîtresse vers le port de Carry,
Murmurant sa détresse au crêpe noir des ombres
Des grands pins parasol, vigies de l'Infini,
Si courbés par Eole qu'ils semblaient lui répondre.
Je croyais la connaître pour l'avoir déjà vue,
Et sans vouloir paraître, un peu à son insu,
J'ai voulu découvrir celle que tu cachais,
Celle qui t'aimait tant, depuis que tu es né.

C'est vrai qu'elle était belle dans ce décor changeant,
Glissant sur les rochers sa peine d'orpheline,
Et son regard d'opale, vert, profond, envoûtant,
Mêlé à ce vert jade ourlé de mousseline.
Des badauds s'arrêtaient, certains se retournaient
Pour voir cette inconnue qui pour moi seul dansait,
En inclinant ses hanches sur les algues dociles,
Ses franges en mousse blanche la rendant si gracile.

Et à ses mouvements qui balancent et ondulent,
Répondait un ressac, sourd et profond parfois,
Un peu comme un sanglot étouffé en cellule,
D'une âme qui n'est plus quand elle est aux abois.
En me rapprochant d'elle de par son désarroi,
Et sa colère aussi dans des gerbes d'écume,

J'osai lui demander doucement le pourquoi,
De ses bleus dans son cœur et ses noirs d'amertume.

Quand elle me répondit qu'elle cherchait les yeux noirs
De son ami d'enfance, devenu son amant,
Je lui reprochais fort que nos deux désespoirs
Venait de son engeance qui noya mon enfant ;
Qu'elle l'avait pour la vie, qu'il fallait le garder,
A l'instar de Narcisse qui se penchait sur elle,
Et qu'il était bien tard maintenant de pleurer,
De ne voir dans ses yeux, ses reflets de pastels.

Triste, elle se retira en caresses pudiques,
Implorant le pardon d'un cousin Pacifique
Qui avait attiré dans son miroir d'argent
Mon fils et son amant, qui nous lie à présent.

Et de me trouver seul face à mon injustice,
D'avoir lâché trop tôt cette poche de fiel,
Sur le bord d'un trou d'eau, attisant mon supplice,
Je vis se miroiter le bleu d'azur du Ciel.

14 Avril 1998 (2 Mois)

Ici ou ailleurs

Cher enfant s'en est fait, nous avons mis en terre
La dépouille mortelle que tu nous as laissée
En consigne ici-bas, sous une croix de pierre
Qui sera son ombrelle pour son éternité.

L'oubli des disparus dans nos vies misérables,
Peut les faire mourir une seconde fois,
Si nous sommes aujourd'hui, fragiles et vulnérables,
Le souvenir de toi nous tient à bout de bras.

Si ton écho parfois pouvait nous parvenir
Du pays des Regrets, de tes vingt ans plantés,
A la mise en demeure que nous venons fleurir,
Au poids de ce martyre, nous ferait résister.

On nous dit qu'en mourant, en quittant cette terre,
L'Ame se voit parée d'une vie éternelle,
Pourquoi faut-il mourir aux voiles des mystères
Pour rhabiller l'esprit des corps de nos mortels ?

Faut-il croire qu'ici voir l'Infiniment grand
Nous est bien impossible, notre regard n'embrasse
Qu'infiniment petit, nos yeux sont mal voyants,
Il faut qu'avec le cœur un regard se déplace

Pour voir notre existence qui serait bien ailleurs,
Cette vie d'ici-bas n'est que pleurs dans la rage,
Doublée d'une impuissance face à tous ces malheurs
Dont on ne sait le prix pour payer ce passage.

Toi qui sais maintenant, je te vois bien sourire
De me voir comme un fou à chercher les raisons,
De ce fléau géant de douleurs qui empire
Et qui rend impuissant devant tant de questions.

Pour apaiser mon cœur et peut-être mon âme,
Dis-moi si l'inconscient est l'auteur de nos drames,
Si nous sommes ici-bas des archanges en mission
Ou de cruels démons purgeant des punitions.

Par un soir de colère, enfant tu répliquais
Que tu n'avais surtout pas demandé à venir,
J'ai dit que ça n'était pas toi que je voulais,
Effrayé que j'étais par ce soudain délire.

Pour apaiser mes pleurs, pour effacer ce blâme,
Dis-moi à qui je dois ta venue ici-bas,
Je te dirais pourquoi ma réponse condamne
L'être que je suis, qui ne voulait que toi...

Mais tu le sais déjà.

28 Mai 1998
(Descente au caveau)
Quand l'eau courbe mon bâton,
Ma raison le redresse.

La ceinture, la bourse et la vie

Mon Cher enfant,
Je viens de recevoir une amende à payer,
Au profit d'une loi, qui rend obligatoire
De porter la ceinture sensée me préserver,
Et de garder ma vie en mauvais purgatoire.
De quel droit et de qui, tiennent-ils ce pouvoir
D'imposer comme ils font, d'obliger leurs semblables
A respecter leurs lois, faisant croire à l'espoir
De sauver une vie, Faust a bien cru le Diable.

En ne la mettant pas, je vis et me morfonds ;
Celle que tu portais, t'a soustrait de ma vue,
T'entraînant par le fond car elle était de plomb,
Lestée de règlements, Archimède a perdu.
Et je n'aurai de cesse, à savoir si pareil,
A mon déplacement ce jour-là sur la route,
La Loi te surveillait en prodiguant conseils ;
Ton retour parmi nous mon enfant, est sans doute.

Et comble de l'horreur, m'achevant plus encore,
Je viens de recevoir, émise par la Marine,
Une proposition me remboursant ton corps
A condition qu'on soit bien d'accord sur le prix.
Outre le fait qu'ils semblent, verser dans une main,

Ce qu'ils prennent de l'autre, ils ne me parlent pas
Du vide dans nos cœurs, des jour sans lendemain,
En occultant leurs fautes que tu ne diras pas.

Ton corps a donc un prix, codé par assurance,
Par assurance mort pour parents survivants,
Mais ils n'ont pas compris que celui d'une enfance,
Est remboursable aux Cieux à chacun des parents.
A quoi peut leur servir tous ces prétextes fourbes,
Sinon de remplacer la Vie par de l'argent,
Eux qui comptent nos morts en schémas et en courbes ;
Le port de la ceinture étrangle les vivants.

Les Corps d'Armées repoussent sur des armées de corps,
Aussitôt remplacés par ceux qui les raniment,
A la flamme d'un Arc dont la flèche a tué
Des millions de garçons connus ou anonymes.
Je veux croire à jamais, pour ce qui est de toi,
Ceinturé désormais de couronne d'étoiles,
Dans cette voie lactée, que tu dois être Roi.
Je ne sais même pas si ton corps est bien là
Dans ce cercueil de bois...je n'ai pas de réponse,
Sauf un cachet de cire qui devrait faire foi
Et qui serre nos cœurs de ceintures de ronces.

Ton Père. Mars 1998

Tu te lèveras tôt

Tu te lèveras tôt,
Tu mettras ton manteau,
Et tu iras... dehors :
L'arbre dans ta ruelle,
Le bonhomme dans le port,
Les yeux des demoiselles
Et le bébé qui dort,
C'est à toi,
Tout cela...

Tu toucheras la terre,
La mer porteuse d'îles,
Tu verras les bateaux,
La barrière d'étoiles,
Le château et le pont,
Et tous les champs d'avoine,
C'est ton pays...

Et tu rentreras lourd
Pour avoir fait le tour
De tout ce qui est à toi,
Tu diras à ta mère
Que l'horizon est clair
Et elle sera fière,

D'être de ce pays là…

Il y a la comptée des pommes,
Celle des pêcheries,
Et des bêtes de somme…
L'autre des flâneries…
Il y a le moulin aussi,
Le facteur, le voleur,
La politiquerie,
La neige et les couleurs,
…C'est à toi,
Tout cela.

Il y a les faiseurs de chaises,
Les faiseurs de jaloux,
Et les faiseurs de pain…
Et les faiseurs de rien.
Il y a les retardataires,
Les mariages, les colères,
Les grand-mères aussi
Et les cordonneries…
C'est ton pays.
Les cloches dans les clochers,
Les quatre-vingt Cités,
Les cinquante mille écoles,
Et l'or dessous le sol.

Les villes qui commencent,
Celles qui continuent,
Avec toi par-dessus,
Et les siècles qui naissent...
Au fond des nues...

Tous ces cheminements
Pour arriver à toi,
Et puis tu es parti
En me laissant tout ça,
Mais moi je n'en veux plus,
Je cherche ton pays.

Et je me lève tôt,
J'enfile mon manteau,
Pour aller au dehors...
Face au levant
Qui dort...

Janvier 1999. FL

Ton nom inscrit sur l'Onde....

L'eau rend brillant, le diamant dans sa bâte,
L'eau rend au sang, sa couleur écarlate,
L'eau rend fous les humains, qui brandissent des armes,
L'eau rend triste une joue, qui se rempli de larmes.

L'eau rend possible la Vie, au milieu du désert,
L'eau rend aux plages, ses bouteilles à la mer,
L'eau rend visible aux yeux, l'arc-en-ciel en couleurs,
L'eau rend pénible au front, les perles de sueur.

L'eau rend, hélas, le liquide en argent,
L'eau rend ainsi, les hommes avilissant,
L'eau rend des vies, sans envies et sans âmes,
L'eau rend coup pour coup, que nous appelons drames.

L'eau rend rougis, les doux yeux d'une mère,
L'eau rend la vie, aux rescapés des mers,
L'eau rend penchées, les coques à marée basse,
L'eau rend usées, les grèves de guerre lasse.

L'eau rend superbes, ses cascades en montagnes,
L'eau rend sublimes, les corps des filles en pagnes,
L'eau rend le bruit, d'une goutte qui tombe,
Lors en résonne, au clepsydre une bombe.

L'eau rend les oiseaux, migrateurs de passage,
L'eau rend les hommes, égoïstes et sauvages,
L'eau rend aux femmes, leur visage en miroir,
L'eau rend aux fleurs, le parfum des mémoires.

L'eau rend son sel, sur la peau des vivants,
L'eau rend statues, les stalactites géants,
L'eau rend les bleus, d'outre-tombe, Outremer,
L'eau rend ton nom, propagé par la mer.

L'eau rend l'Espoir, quand elle jaillit de Lourdes,
L'eau rend tout noir, si nos âmes sont sourdes,
L'eau rend la Vie à la Foi, même si,
L'eau rend la Mort, aspergée et bénie.

L'eau rend à Laurent, ce qu'il allait savoir :
"L'eau rend Justice, aux quatre coins du Monde",
Laurent qui en elle, avait mis ses espoirs,
Lors, en paya le prix, de sa tombe profonde.

L'Eau rend Justice, à l'ombre de la Haine.
Laurent tombé du Radeau de Méduse,
L'eau rend dans ses ondes, son effroi et sa peine,
L'eau rend son corps, au Pays de Vaucluse.

Pour toi, Laurent......... *Mars 1998*

Rumeurs de Mer

Et

Deux

Longues

Années…

Et deux St Valentin,

Arrimées à ce quai,

Où chaque jour passé,

Ne décharge plus rien

Sur l'eau noire du port

Que l'ombre d'une croix

Glissant sous un corps mort.

Il se tord et gémit sous le poids

D'une absence irréelle à voir la vie dehors.

Et la douleur de ton nom se répand dans ce port,

Où tes amis sont rares, ils en oublient ta voix, et tes mains,

Et tes yeux noirs si malicieux qui disaient que tu serais marin,

Que tu partirais loin, que tu verrais le monde en disant à demain.

Mais aussi sûr que la vague ronge un ventre d'acier,

Aussi sûr que le vent peut sculpter un rocher,

Aussi sûr qu'une flamme réduit les rêves en cendres,

L'absence de ta vie fait des nuits à se pendre

Et une chaise vide aux repas des dimanches,

Quand le souvenir vient…. et doucement se penche.

Sur toi, sur nous, sur moi et sur nos vies inutiles à jamais.

Et j'attends,

J'attends et je te cherche,

J'attends à chaque jour un impossible appel et je cherche une voie où poser chaque pas.

Tout comme un étranger qui n'a plus de mémoire que celle d'un sourire dans une vie à vendre,

Où dans ces heures noires infiniment cruelles, tu manques tellement au plus profond de moi.

Combien de temps encore la lâcheté de vivre musellera plus fort celle qui fait t'attendre.

St Valentin Février 2000

Pourquoi

Pourquoi toi,

Pour rien,

Pour toi.

Pour un sourire,

Ou un regard,

Un geste ou une voix,

Un mot sur une fleur,

Un ciel plein de couleurs,

Une allure furtive

Peuvent parler de toi.

Pour une chambre vide

Et pour des jours sans cœur,

Un parfum comme un cri

Sur un son de guitare,

Qui vibre comme une ombre

Sur ta nuque inclinée.

Ou pour un air absent,

Une vague qui meurt,

Une route empruntée,

Un doute de bonne heure

D'esprit évaporé

En cristal de soupir,

Et maintenant pauvre avenir,

Que vas-tu bien nous devenir...

Sauf craindre que l'Espoir

Soit dernier à mourir.

D'un temps qui n'est plus rien,

Et qui n'existe pas.

Vanité des humains

Qui mesurent leurs poses,

D'un espace accordé

Pour épouser des causes,

Pour de l'argent

Ou de la terre,

Pour posséder

De la poussière.

Pour écraser des frères

Au fracas d'une guerre.

Ils meurent seuls tu sais,

Pas besoin de la faire.

Pas besoin de les taire.

Ils ouvrent la bouche en naissant,

Courent après une vie,

Puis ils l'ouvrent sans cri

Et s'en vont doucement.

Pas vrai, mon fils ?

Alléluia !

Un enfant nous est né.

Noël 1999

Pour te dire ma Peine

Pour te dire ma peine

Et tout mon désarroi,

Ma colère et ma haine,

Pour mes frères les hommes qui font porter des croix.

Pour te dire ma peine

Dans ce tunnel désert,

Qui suinte de peurs à l'écho de tes pas,

Et tes rires d'enfant qui remplissaient mes bras.

Pour te dire ma haine

Dans cette vie de riens,

D'avoir pris tant de temps pour te construire en somme,

Et pour faire de toi, un fils, un ami et un homme.

Pour te dire ma peine,

Des couchers des soleils

Jusqu'aux aubes naissantes,

Un vide sidéral explose dans ma tête quand je repense encor

Au nourrisson couché à plat ventre et cambré et qui hurlait déjà qu'il était mon fils.

Pour te dire ma haine,

Pour ceux à qui je t'ai confié,

Qui ne voyaient en toi qu'un outil maritime

Je veux leur dire aussi qu'ils sont maudits à jamais

Par mon esprit et mon cœur, et ma rancœur aussi.

Pour te dire ma Vie

Sans ombres et sans lumières

Sans attraits ni passions, qui pourraient me distraire

Que je cherche partout, en tous lieux et tous moments

Celui qui était mon devenir en Avenir, le bout de mes doigts

Le bout de mes bras, de mes yeux et ma voix, qui s'est tue à jamais,

Et qui ne reviendront pas, ou seulement le jour où je viendrais te chercher

...................A jamais.

Attends-moi mon Fils, je te garde en moi, à l'abri et des coups et du froid,

Des douleurs que supportent les hommes, qui n'ont pas d'enfants à nourrir

Par l'Amour, la Passion et la Tendresse, qui dans mon âme se pressent, se dilatent

Et m'étouffent de ne pouvoir t'offrir ce qu'un Père doit donner chaque jour à la Chair

De sa chair.

Attends-moi encore un peu, la Vie estimée s'éteint en fumée, telles des allumettes

Que l'on craque chaque jour que Dieu fait, et la Nature, et les Nuits éveillées par des heures

Egrenées.

Attends-moi

L'Isle sur la Sorgue

Septembre 2024 Ton Père

Mois de Marie, Mai 1998

Quel triste jour de Mai, déguisé en Toussaint,
Par un ciel acharné, crachant sa pluie battante
Et qui noie un peu plus nos croisées de chemins,
Par l'horrible vision qui désormais me hante,

Mêlant la pluie aux larmes et aux coups de tonnerre,
De voir son fils descendre au ventre de la terre,
Pour sceller son destin à l'infortune inerte,
Comme on cache un trésor sur une île déserte.

Cette eau forte en plein cœur, ce stylet de gravure
Qui creuse dans les chairs ce trait, cette rature,
Que de se voir debout au bord d'une crevasse,
Dominer son linceul, revendiquer sa place.

Si avoir un enfant éloigne de la mort,
L'enterrer avant soi crée la fusion des corps,
On s'abandonne alors contre les coups du sort,
Entre lui et sa vie qui n'attend plus dehors.

Elle repart brusquement, imposant sa réponse
Sans révéler jamais l'énoncé de l'énigme,
Basculant dans un monde par ce coup de semonce,
Nous laissant sur une île en submergeant un isthme.

Mon complice

Tu étais ma boussole les jours de vents mauvais,
Te souviens- tu mon fils, de ces fins de semaines
Où chaque heure passée au fil de nos journées,
Distillait l'un à l'autre de l'Amour dans nos veines.

Tu étais mon bonhomme du haut de tes treize ans,
D'une patience d'ange et d'un humour sans bornes,
Laborieux aux devoirs, sans un seul faux-semblant,
Ces instants se mélangent, certains ne sont pas mornes ;

Te souviens-tu des jours où l'on se promenait,
Tu me tenais la main d'un air apitoyé,
Quand on croisait des gens, qui vraiment te plaignaient
D'avoir un père aveugle, et de plus sourd-muet ;

Quand on notait les filles sur le Cours Mirabeau
Qui passaient devant nous, tu n'étais pas de bois :
Je notais les chevilles, tu visais bien plus haut,
Et comparant les notes on riait aux éclats.

Ou en faisant semblant, sur la plage à Sausset,
De piloter les mouettes à la télécommande,
Les curieux s'arrêtaient saluant le progrès,
Par ton sourire en coin, tu savais bien t'y prendre ;

Ou ces grands restaurants, jouant l'enfant gâté,
Exigeant sans raison que l'on change ton verre,
Me prenant à témoin, je jouais le gêné,
On se battait les côtes de les voir en colère.

Tes rires valaient bien toutes fortunes au monde,
Tu étais le trésor que je tenais caché,
J'avais besoin de toi et le poids des secondes,
Est le double aujourd'hui de ces années passées.

Tous ces dimanches soir, ces retours en voiture
Auprès de ta Maman qui prenait le relais,
Sont à jamais gravés au cœur de ma torture,
...Mais on se retrouvait la semaine d'après.

Je te sens bien souvent quand je roule la nuit,
Dans ces silences lourds, ta tête à mon épaule,
Et ton bras cramponné à ce temps qui s'enfuit,
Pour retenir l'Amour, les larmes et les paroles.

Mai 1998

Laurent B. : Absent................

Voilà déjà un mois, que tu nous a quitté,
Libéré tes entraves pour un autre Univers,
Et ce vide impalpable qui nous tient éloignés,
Se remplit de mémoire, en figeant tes repères.

Tu as tiré l'ancre de ton nouveau vaisseau,
Echelle de Jacob se perdant aux nuages,
Tiens la barre, Marin, de notre météo
Force neuf en chagrin, éprouve l'amarrage.

Tu es en même temps, sur la proue du navire,
Et sur le bord du quai, qui s'éloigne déjà,
Et l'espace créée, impossible à franchir,
Fait qu'on te sent si près, et si loin à la fois.

Comment est-ce possible, d'avoir à te survivre
Avec ce sentiment de culpabilité,
En relisant tes lettres où pointait ce sourire,
Qui reste désormais, sur du papier glacé.

Quand j'entends ton prénom, appelé dans la rue,
Celui qu'avec Maman, ensembles, avions crus
Te donner pour le Vie, j'ai envie de crier
Qu'il y a usurpation de ton identité.

Car vois-tu à chaque heure, quand la seconde bat,
En creusant ton absence comme on creuse un silence,
Quand cette heure passée, nous éloigne de toi,
Je vis cette échéance comme une vraie sentence.

Et je sens que ce temps, qui use bien nos vies,
Jusqu'à les rendre lisses comme sont les galets
Qui roulent sur les grèves sans prises à tous côtés,
Fait rendre différents ceux qu'un malheur meurtris.

Ce sont des bois flottés qui gisent sur le sable,
Des troncs qui ont roulé, sans racines et feuillages,
Et qui donnent à penser au flâneur excusable
Qui les pousse du pied, à du bois de chauffage.

Mars 1998

Le Bachi

Comme larme de sang sur des cristaux de neige,
C'est le fanal d'une île qui rougeoie sur l'écume,
Comme une Eucharistie sur un autel d'Ariège,
C'est une braise enfouie sous des cendres de brume.

C'est au bout d'une allée, comme un point de repère,
Dans ces matins d'hiver qui font ciller les yeux,
Qu'il se tient immobile tout contre Apollinaire,
Et contre sa main droite, il y a celle Dedieu.

C'est un havre de paix où tous les samedis
Escortés par la peine et par le désarroi,
Des chrysanthèmes blancs lui refont son bachi,
Piqués d'un œillet pourpre, coiffe d'un Golgotha.

C'est la lanterne rouge d'un wagon dans la nuit,
C'est le train d'une vie qui s'éloigne sans bruit
De ceux qui, affligés, restent seuls sur un quai,
Et qui laissent glisser de leur main ce bouquet.

Quand le sens d'une phrase change celui des mots,
Plus tard,... c'est l'Avenir,
Trop tard,... c'est un tombeau.

C'est fini,... tu comprends ?
C'est fini...
Le rouge est mis.
....et le noir aussi.

Novembre 1998

Les Trois Clefs

Le jour où tu m'avais posé cette question
De savoir à partir de quand, on est un homme...
Je t'avais répondu sans une hésitation :
Le jour où tu auras les Clefs de ton royaume.

Bardé de certitudes, édictées par la Vie,
Qui colle aux papillons leurs noms sur étiquette,
Je te disais alors que pour être à l'abri,
La Première ouvrira la porte de ton faîte.
Et dès lors, tu pourrais bâtir tous les projets,
Construire un vrai foyer, accueillir tes amis,
Voir grandir tes enfants, aux côtés de la fée
Que tu auras choisi par le Cœur et l'Esprit.

Signant les temps modernes, sang nouveau des artères,
Moins pour les loisirs que pour trouver pitance,
La Seconde ouvrira l'ensemble des portières
D'un véhicule sûr pour famille en puissance.
Et dès lors, tu pourrais voyager en flânant,
Courir aux rendez-vous ou faire des emplettes,
En te remémorant derrière ton volant,
Des soirs où tous les deux on chantait à tue-tête
Et selon ton parcours, tes acquis au travail,
La confiance d'un chef, ou à l'être toi-même,

La Troisième ouvrira des bureaux, le portail,
Qu'importe d'un labo ou autre, si tu l'aimes.
Et une fois monté, l'ensemble des degrés,
Dans "l'échelle sociale" de ce barrage énorme,
Je te disais souvent : "va mon fils, pense aux Clefs"...
Répétant bêtement : ...et tu seras un homme...

De toi, il m'en reste une, elle est même dorée,
Celle que tu m'as laissée ouvre un dépositoire,
Et elle glace mes doigts quand je la fais tourner,
Bouclant notre avenir à ce triste dortoir.

Car ma Clef mon enfant, c'était toi à jamais.
Je le savais déjà, elle ouvrait une porte,
Connue seule de moi dans ce jardin secret,
Envahi de ronciers pour que plus rien n'en sorte.

Le Concierge aux Clefs d'Or, Le Grand pécheur St Pierre,
Te dira mieux que moi celles qu'il te fallait,
Depuis la clef des Songes à celle du Mystère
Où notre clef du sol ouvre le Paradis

Avril 1998

Les Ailes des Dauphins

Je tourne entre mes doigts ce blason de laiton,
Que tu désirais tant au revers de ta veste,
Ce petit bout de fer, Sésame des grands fonds,
Reconnu par tes pairs, c'est tout ce qu'il me reste.

Je sais sa trajectoire, et s'il m'est parvenu,
C'est que le maître à bord de tes ballets nautiques,
S'en est dépouillé seul, comme n'en voulant plus,
Pour te le décerner en ultime supplique.

Je sais que sans un mot et surtout sans public,
Avant tes grands adieux au cœur de l'oiseau blanc,
Survolant les atolls en dernier générique,
Il l'a mis dans les mains du dernier Commandant.

A bien le regarder dans son brillant terni,
Et en le retournant comme on tourne une page,
Je comprends que celui qui l'a donné ainsi,
Par son geste sans cri, me transmet un message :

Deux dauphins encadrant une ancre de marine,
Le rostre sur la croix, face à face émouvant,
Il n'en faut davantage, que l'esprit imagine
L'élève et l'égérie soudés par le néant.

Et à cette passion, dévorante et rebelle,
De fendre le cristal comme un poisson-volant,
Tu as cru ajouter en une sœur jumelle,
Celle de tutoyer les sternes et goélands.

Et par le bon vouloir d'un émule d'Icare,
Comprenant que ton dos devait porter des ailes,
Sentinelle attentive, t'a distillé son art
Jusqu'à te voir planer entre écume et soleil.

C'est pour ton dernier vol que cet avion tragique,
A plaqué au relief des vagues et des îlots,
Son ombre cruciforme aux oiseaux des Tropiques,
Suivis par les dauphins, bondissant hors des flots.

Que le mentor d'Eole et celui de Neptune,
Soient remerciés des Dieux pour l'œuvre inachevée,
Leur fils spirituel, même à titre posthume,
A bien gardé le cap et profondeur calés.

Mars 1998

Après Toi....

Dites : "Je n'ai plus d'enfant", et marquez un silence....
En points de suspension à ce cruel soupir,
Alors poindra en vous un tranchant de sentence
Qui sectionne le fil de votre devenir.
Et quand je dis tout bas cette phrase irréelle,
Qui explose en fracas tout mon cœur qui chancelle,
Que je trouve en morceaux, parce qu'après ton vivant
Du tréfonds au plus haut, plus rien n'est comme avant.

Ma nature faisant, ne supporter la foule,
Ni lumières, ni bruits en excès dans la vie,
Depuis longtemps déjà, à l'abri de la houle,
Entre celle que j'aime et toi...qui m'est ravi.
Les bêtes ont bien en elles cet instinct animal,
Que de chercher sans fin leur petit, disparu,
Oubliant tout danger, négligeant tout signal,
Perdant boire et manger jusqu'à n'en pouvoir plus.

Les années vont passer, entre Nativité,
En images et mouvantes et pleines de remords,
Et celles de Toussaint, ravivant les regrets
De toi, qu'on a fait naître en omettant la mort.
Les rendez-vous heureux des dates anniversaires,
Rendront si douloureux le cycle des saisons,

Le seul qui restera, est gravé dans la pierre ;
La valeur n'attend pas ces funestes moissons.

Je ne connaîtrai plus cette fête des pères
Qui te rendait si "grand" un peu plus tous les ans ;
Tu ne sauras jamais le bonheur qui s'espère
En recevant les souhaits de ses propres enfants...
Est-ce coïncidence, en t'appelant à lui,
Que l'Esprit tout Puissant enlève la Raison
A mon père qui, fuyant, va se mettre à l'abri
De ce monde épuisant en abominations.

Faut-il avoir une âme ou bien noire ou bien sourde,
Pour payer ces tributs suppléments de ma vie,
Pour n'entendre que Dieu peut avoir la main lourde,
Pour s'abattre si fort, ne laissant...que survie.

Ton Père.
Mars 1998

CHAPITRE 3

IL

Ephémère Centenaire
Il était...
Initiales : DCD

Ephémère Centenaire

Une fleur de tiaré au pays du Mistral,
Contre un brin d'olivier à la Polynésie,
Cet échange de Vies ne peut être banal,
Pour une fleur prêtée, l'arbre s'est englouti.

Cette fleur éphémère, au parfum délicat,
A ouvert ses pétales aux îles Tuamotou,
A la St Valentin, il y a quatre ans déjà,
Pour être recueillie et partir sans tabous.

Et la fleur adoptée sous le ciel de Provence,
Se voyant à l'écart des tentations d'Eden,
Contre un jeune tuteur, poursuivit sa croissance
A l'ombre des Alpilles, traitée comme une reine.

Le rameau d'olivier se voulait centenaire,
Mais avant de mêler ses racines aux lavandes,
Voyant sa protégée comme une messagère
Venir des Vahinés, voulu voir sa légende.

Il fit un grand détour dans l'espace et le temps,
Pour contempler enfin les massifs coralliens,
Baignés de vert turquoise et de bleu Océan,
Vibrant sous l'Alizé, ce Mistral tahitien.

Attiré comme aimant par une eau cristalline,
Aux poissons suspendus comme dans le néant,
Poursuivis par leurs ombres, en décor qui fascine
Jusqu'à ne savoir plus être au sec ou dedans.

Un arbre se dit-il respire mal sous l'eau,
Pas plus que les navires, donc qu'à cela ne tienne,
Il pensa qu'en flottant telle noix de coco,
Il trouverait le nid de sa sœur née sirène.

Sans son Ange gardien, il entra dans les flots.

Des Marquises aux Gambier et des Iles Australes,
Aux Iles sous le Vent, il l'a cherché partout,
Et sa quête effrénée de recherche du Graal,
Finit par l'entraîner dans les fonds Tuamotou.

Les Tupapau voyant qu'il était sans tiki,
Et hors ce sauf-conduit qui ne sert pas en France,
Ils comprirent alors qu'il manquait une vie,
Et ouvrant leurs filets, reprirent leur créance.
Les paille-en-queue le jour, seront vos sémaphores,
Et les geckos la nuit vos repères sonores,
Si vous allez là-bas sur cette Ile d'Hao,
Pour la St Valentin lancez vos paréos.

Ce rameau d'olivier, ce garçon de Provence,
Dont l'absence à ma vie fait un jeu de massacre,
Se consume en brûlant, comme un bâton d'encens,
Que recueille dans son coquillage de nacre
Les cendres de ses jours et de ma descendance.

Mars 1998

Il était...

Passez devant merci, et poursuivez sans moi,
L'Avenir est à vous je vous laisse ma part ;
On ne peut imposer à tous son désarroi,
Si lourd je vous avoue que sa douleur égare.

Car son chemin se perd au flanc d'une montagne,
Dont le sommet narquois émerge de broussailles
Qui cachent, je le sais, une falaise aragne
Dont les filets tendus finiraient la bataille.

On part à sa recherche sans pendule ou compas,
Avec les maigres traces que nous laissent ses pas,
Sa mère d'un côté à l'ombre de l'Amour,
Et moi dans cet adret, qui aveugle et rend sourd.

Car il était mes yeux,
Depuis je n'y vois plus,
Car il était ma voix,
Depuis je me suis tu,
Car il était mes bras,
Et je brasse du vide,
Car en venant de naître,
Il devenait mon guide.

Et la Raison me dit surtout qu'il ne faut pas
N'écouter que le Cœur qui répète tout bas,
Que ma Conscience veille et qu'en marquant le pas,
Occupe mon Esprit...pour occuper mes doigts.

Si j'étais son début, il devait voir ma fin,
Mais la Nature ou Dieu ont inversés les choses,
D'une vie au rebut, le vide au creux des mains,
Et qui prolonge en vers ce qu'il vivait en prose.

Je ne sais pas pourquoi nous portons les malheurs,
De cette vie médiocre que nous avons à vivre,
Pour l'unique bienfait d'un Céleste Facteur,
Combien d'autres avatars il inflige et délivre.

On a ce qu'on mérite ? Tout homme a ses dépends,
Même s'il décapite en vain l'hydre de Lerne,
Même s'il se défie des pommes et du serpent,
Au détour de sa vie la douleur le gouverne.

Ca n'est donc pas assez que de naître en criant,
Que de manger son pain à la sueur du front,
Que de voir s'en aller ses parents, ses enfants,
Sans pouvoir expliquer ce pourquoi nous souffrons.

Car il manque à mes jours

Qui n'aboutissent à rien.
Comme il manque à mes nuits
Qui se traînent sans fin,
Qui le cherchent partout
En des signes incertains
A laisser ou à prendre au long de ce calvaire,
A-t-il des comptes à rendre celui qui crie misère ?

14 Mai 1998 (3 mois)

Initiales : DCD

Il était mon passé
A peine nouveau-né,
Il me reste à présent,
Son grand sommeil d'enfant,
Qui fait voir l'Avenir, sombre et cruel empire,
Qui sait se travestir pour mieux pouvoir trahir.

Cette vis en plein cœur, acérée à la pointe,
Qui vrille ma douleur et bâillonne mes plaintes,
Fait délirer mes sens en des rêves fiévreux,
Torsadant vérités et cauchemars affreux.

Ce fils que je n'ai plus me laisse seul au monde,
M'abreuver de ciguë au fond de coupes immondes,
Où je vois son corps nu, encerclé par les ondes,
Qui vont s'élargissant pour mourir aux brisants.

Cette eau a donné vie au ventre de sa mère,
Vingt ans se sont suivis, pour des abysses amers,
Où la lumière fuit, où les ombres s'annulent,
De lui qui hors la Vie, eût un linceul de bulles.

Si des ruines immergées au fond de l'Océan,
Repose un bénitier sur le corail ardent,

Marie pleine de grâces baptisez le encore,
Même par contumace, pour lui, faites un effort.

Pour ma part il saura, qu'aux portes des Eglises,
Quand sonnera le glas qui fige et paralyse,
Il reste l'arc-boutant et la clef de ma voûte,
Qui ont fait qu'en tombant dans mon cœur en déroute,
Ecroulent en même temps,
Et mes rêves,
Et mes doutes.

3 Mars 1998
(Fax de Gendarmerie, ce Dimanche matin du 15 Février 1998)

CHAPITRE 4

ELLE

Et puis,
Ne pleure pas,

Et puis,

Un soir venu,
Quand mon sang partira, au ciel ou en enfer,
Que la Voix me dira ce qu'il me reste à faire,
Je fermerai les yeux pour me laisser glisser
Aux tréfonds de ce corps, qui se fera bercer
Par des rêves apaisés pour fermer tout mon cœur,
Comme on ferme un volet pour cacher son bonheur,
Et l'attirer enfin dans l'immense spirale
De cette une valse lente vers sa pierre tombale.

Et toi seule,
Quand je serai parti, tu leur diras en somme
Que je suis désormais le plus heureux des hommes.
Qu'à chaque soir perdu j'implorai qu'il me prenne,
Que je ne voulais plus de ces peines qui cernent,
De ces vies qui se pendent aux cordes des virages,
Marqués par des bouquets en formes de visages
Evaporées au pied d'un arbre ou d'un talus,
Et qui criaient si fort, que je n'entendais plus.

A eux,
Les hommes,
Tu leur diras aussi que je n'ai pas aimé
Par la voix et le geste, tout ce qu'ils m'ont fait faire.

Que j'étais déguisé pour mieux leur ressembler,
Que pour un bout de pain je n'ai fait que me taire.
Que j'étais plus loup qu'eux face à ma liberté,
Et que j'aurais tué s'ils m'avaient entravé.
Que je les ai haïs pour leur orgueil sanglant
Et qu'ils ont la vie sauve parce que dort mon enfant,
Et qu'un être de loi vaut bien que celui des sectes
Pas plus qu'un médaillé exècre les affaires

A elle,
La Nature,
Tu lui diras merci de t'avoir rencontrée,
Par le vent dans les arbres et le chant des torrents
Qui me poussaient vers toi, sans le poids des années,
Du carré de ciel bleu lorsque j'étais enfant,
De ma cour toulousaine zébrée de martinets,
Que je guettais toujours aux lueurs du couchant,
A celui qui sera le dernier de ton dernier sourire,
De ceux qui m'ont ému pour ne pas trop souffrir.

A la Vie,
Tu lui diras aussi,
Que je me suis battu, et contre moi surtout,
De n'être pas marin ou moine ou bien berger,
Pour n'avoir pas d'attache et libéré de tout
En peintre vagabond ou conteur de veillées,

Que je n'ai jamais cru ce qu'on me disait d'elle,
Ni sur mes bancs d'école, ni face à une croix,
En fables hypocrites ornées de ritournelles,

Et à lui,
Mon fils,
Tu voudras bien lui crier
De m'attendre au coin de son nuage,
Que je viens le chercher sur son grand arc-en-ciel,
Et qu'ensemble nous ferons enfin, cette cabane
En pierres d'amour, de tendresse et de miel,
Avec aussi des larmes et des soupirs véniels,
Avec des yeux brûlants
Dans une tête vide.

Mai 1999

Le long d'une haie blanche
Qu'il n'aura pas connu......
Son Père

Ne pleure pas,

Ne pleure pas Maman,
Et ne me cherche pas.
Je suis si près de toi que ton cœur ne voit pas.
Pas plus que dans ces mois
Où j'habitais ton ventre,
Pas plus que pour tes yeux
Tu voulais que je rentre,
Je suis là...
Dans ton front...
Pour ne plus te quitter.

Souviens-toi de mes roses
Pour gagner ton pardon,
Si dans tes jours moroses
Soupire la détresse,
Taquin en toutes choses,
Je reste le garçon
Nourri par ta tendresse.

Ne le dis à personne,
Que nul ne répète
Ou si elle te raisonne
Dis-le à ma Pépette,
Mais dis-le-lui tout bas :

« Je suis caché dans Toi,
....et ne suis bien que là ».

Février 99

CHAPITRE 5

LA VIE

Naturellement
L'homme au destin rouge
Pardon à Félix
Paradoxe

Naturellement

Par la motte de terre, nous en serions issus,
Et l'orgueil qui nous mène veut prendre le dessus,
Bien souvent elle nous gêne et sans cesse on l'imite,
Le peintre et le poète en font pâles accessits.

Car les plus beaux attraits sont bien dans la nature,
De ses diamants extraits rassemblés en rivières,
Jusqu'au vert du tilleul qui pare les tentures,
Quand le soleil couchant nous ferme les paupières.

Les oiseaux sont sa voix et ses yeux mille fleurs,
Et pour chaque saison sa garde-robe change,
Parée de ses parfums, ses ombres et ses couleurs,
Elle est la perfection qui toujours nous dérange.

Elle nous offre un jardin fait de sucre et de miel,
De fruits, d'épis de blé, de lait, d'eau et de sel,
Et plus elle nous en donne et plus l'homme l'épuise,
Plus elle œuvre la nuit où le temps cicatrise.

Nous sommes ses enfants, nos vœux toujours l'appellent
Quant au soir de nos vies se calme le tumulte
Nous accueille attendrie, dans son sein maternel,
Notre mère Nature nous réapprend son culte.

Nous l'imitons toujours quand nous pousse une branche
Que nous nommons enfant, à l'état de bourgeon,
Si le gel nous le prend c'est elle qui se penche,
Et qui, ouvrant ses bras le couche à son giron.

Nous la voulons esclave alors qu'elle est Déesse,
Elle fût adorée par des milliards d'années
Et elle pose sur nous et sur nos maladresses
Son regard indulgent, bienveillant de tendresse,
En pensant à tous ceux qui nous ont précédés.

Nous sommes ses enfants et elle nous éblouit,
Elle sait faire semblant ou elle nous réprimande,
Pour ne pas oublier qu'elle doit être obéie
Par tous ceux qui croient bien
Qu'à la fin, ils commandent.

Mai 1998

L'homme au destin rouge

De rubis écarlate et d'une main adroite
Il brandit et secoue une trame de sang.
Il la plaque à son ventre, à sa peau déjà moite
Pour s'abriter un peu ou plutôt se cachant.
Comme il cache en son dos sa lame meurtrière
Serrée par l'autre main, tant collée à ses reins,
Qu'il ne sait plus vraiment qui s'abrite derrière.
"Celle qui vient du cœur" disait le bohémien.
Avec ce destin rouge qui lui colle à la peau,
Il est invulnérable, il se cambre et se tait,
Entouré de ses frères qui lancent des chapeaux
Dans un anneau de vie qui l'encercle de près.
Il doit briser le doute pour régner sans conteste
Sur ce qu'il a choisi, et dominer sa voie.

Etirée,
Déformée,
Son ombre de judas suit ses gestes et sa voix
Elle le suit pas à pas dans tous ses entrechats.
Elle fuit de ses talons et par des arabesques
Tente péniblement de toucher le grenat.
Soudain, elle se déchire sous une ombre plus leste
Plus noire que la nuit, et ruisselante d'éclats.

Le souffle de l'enfer par ses naseaux brûlants
Vient d'effleurer son dos qui se courbe déjà.
Le temps roule et l'astre est au couchant,
Virevolte la trame, l'ombre fuit au-delà.

Il se campe et s'avance en repoussant son drap,
Assure son poignet et ses doigts se referment.
L'ombre noire et la grise se rejoignent à son pas
Sur le sable brûlant et vibrant de l'arène.

Et dans un geste vif ils s'empalent chacun.
La corne dans un ventre, un éclair dans l'échine,
Et le rouge vermeil peint leurs vies de sommeil.

Après La Corrida de Nîmes
Le Rouge est mis
2012

Pardon à Félix

Sans jamais y être allé
Je connais le désert,
Entendre l'inconnu chuchoter derrière soi,
Et porter un cœur lourd....
Je sais cela.

Se nourrir de détresse
Pour en garder les autres,
Et accuser tout bas le Bon Dieu et sa Mère,
Vouloir mourir perdu
Comme un papier au vent...
Depuis ta peine,
Ma vie est là,
Et je la sème, sur tous tes pas.

Des rondeurs de montagnes,
Des torrents, des vallées,
Et des milliers d'étoiles
Qui font des trous dans l'air,
Je sais cela.
Des gros troncs d'arbres forts
Qui rentrent dans la terre,
Jusqu'au fond de son ventre
Et dans les corridors secrets,

Vont se mêler aux racines des sources...
Je sais cela.

Le pain, l'eau et le feu,
La peine à laisser faire,
Dompter les zones fauves,
Cultiver le silence,
Parler d'éternité, comme on parle d'Amour,
Depuis ma peine,
Je sais cela,
Mais quand on aime, c'est tout cela...

Mais un jour,
Qui n'est pas venu,
Et qui se créée au fond des nues...
Peut-être est-ce demain,
Peut-être, l'an prochain...
Tu viendras,
Tu viendras ici
Et si nous sommes endormis,
Tu nous réveilleras,
Et fera...demain.

Non, tu ne viendras pas
Tu appartiens seul à la nuit,
Faisons de ce jour ci,

Le jour où tu partis...
Si tu veux,
Faisons de notre vie,
Le jour,
Qui jamais ne finit,
Qui s'appelle...
Aujourd'hui.

Février 1999

Paradoxe

Par la peine engrangée, et mon acharnement
A l'impossible preuve que Dieu n'existe pas,
Me fait bien révéler à mon corps défendant,
Que mon esprit s'incline à son ombre ici-bas.

Et dans le même temps, parce que je n'admets pas,
Que mon fils n'est plus là car je sens sa présence,
Ce refus du trépas m'entraîne pas à pas,
Au cratère béant attirant ma conscience.

Mon deuil est ainsi fait, pour sa vie épinglée,
Que de ne pouvoir pas défenestrer ma peine,
Je dois lui faire prendre ce cruel escalier
Et descendre un par un chaque degré qui saigne.

De sa vie en apnée, au ventre de sa mère,
Apprise au fil des mois en plantant ses racines,
A l'air libre, expulsé, lui a semblé amer,
Protestant par son cri à la vie assassine.

Et par la frénésie qui toujours l'animait,
De n'être bien ailleurs que dans le bleu de l'Onde,
Pour reprendre son souffle à l'air apprivoisé,
Il en fût foudroyé et depuis lors il sonde.

Autant couper les pouces de mes mains désarmées,
Pour ne plus rien saisir de la vie en lambeaux
Et des ruines éboulées qui m'attend désormais,
Par ce feu allumé au plus profond des eaux.

Et pour forcer le trait d'un être aussi joyeux,
Silencieux, attentif à tout son entourage,
Il n'a jamais été aussi présent dans ceux,
Qui de loin ou de près ont connu son visage.

A force d'essayer, de chercher à comprendre
Ce qu'intuitivement mes sens de méfiance,
Refusent obstinément à suivre le méandre
Qu'à savoir le pourquoi de cette déshérence,
Ils seront bien contraints d'en accepter la loi
Et d'enfoncer le clou plus profond dans ma Foi.

Mais une Foi est morte, quand elle ne doute pas.

7 Avril 1998

Chapitre 6

RÊVES NOIRS

Racines de Vie
Reflets
Terre, Pères et Mer
La pêche et la moisson
Le Fruit d'une vie
L'Antichambre

Racines de Vie

Le rêve énigmatique n'est venu qu'une fois :
Clouées en symbolique sur les murs de la chambre,
Vision métaphorique, que je revois souvent,
De racines étirées ressemblant au gingembre.

Du brouillard de mes jours à celui des nuits noires,
Je ne peux situer cette horrible vision,
Qui, avant ton départ serait prémonitoire,
Et si c'est après toi sombre révélation.

En fixant cette image d'indicible douleur,
Qui partait du plafond pour atteindre le sol,
Elles étaient coupées par excès de longueur,
Crucifiées côte à côte, cruelle parabole.

La plus forte était celle qui touchait le parterre,
Et son extrémité repartait du plafond,
Chargée de radicelles, comme arrachée de terre,
S'arrêtant au milieu de son premier moignon.

Et les deux s'étirant très haut vers l'infini,
En se penchant sur moi, allongé sur la couche,
Les yeux exorbités je bondis hors la nuit,
Elles s'évanouirent...,

Il n'y avait plus de souches.

En éclair je compris qu'un arbre n'est pas celui
Que vous voyez verdir, et jaunir, et dormir
Aux nouvelles saisons sous le soleil qui fuit,
Sa vie est dans le sol qui le fait soutenir.
Il est Arbre de Vie par ses racines enfouies.

Mars 1998

Reflets

Et puis voici venu le temps des grands silences,
De ceux qui, apaisants, succèdent à la tempête
D'où ces débris flottants vidés de leur substance,
Passent dans le courant en inclinant la tête.

Ils vont et se dispersent aux marais du delta
Pour venir s'échouer contre un roseau pensant ;
L'impassible miroir, d'eux seuls leur renverra
Le reflet d'un corps-mort alourdi de tourments,
Et d'une tige frêle qui lui demandera
Où peut passer la vie d'enveloppe si lourde,
Qu'elle n'ait pût l'emporter pour aller au-delà,
Ni pouvoir l'élever, la laissant dans la tourbe.

Par ce reflet du corps, indistinct ou précis,
Pour celui qui regarde et celui qui se mire,
Se demandent à jamais qui du corps est l'esprit,
Qui l'emporte sur l'autre, l'obligeant à subir.
Qu'a fait cet attelage sinon forcer des poses,
Au double qui savait détourner le fil d'eau,
Comme on place un rocher sur le cours de ces choses
Que sont les vagues, et l'âme, sous la proue d'un vaisseau.

Ce corps si temporel cachait un mécanisme

Mû de ressorts secrets, faisant naître en son cœur,
Les réserves d'amour qui sécrètent l'altruisme,
S'arrimant à la vie quand lui vient la douleur.
De celle qu'en l'esprit, invisible, persiste,
Diffère sur le corps à ses plaies refermées
Et même si calmées, à la vue elles subsistent,
Sont en rien comparables au fer rouge enfoncé.

Ces douleurs silencieuses qui vibrent et se répandent
De la voûte d'un crâne aux fronts des campaniles
De chapelles oubliées, dans les champ de lavande,
Désertées par la foi qui attendent,
Immobiles.

28 Mai 1998

Terre, Pères et Mer

Marins et Laboureurs ont en commun l'ouvrage,
D'avoir comme labeur de creuser des sillons,
Au ventre de la terre ou d'écumeux sillages
En plein cœur de la mer, pales et socs vont profond.

Et quand vient l'Angélus, que le grain est enfoui,
Quand le clocher résonne et que vient le repos,
Le Laboureur s'étonne, sentant venir la nuit
Qui s'étoile en frissons, de ne pas dire un mot.

Car il pense aux Marins en poupe de navire,
A leurs regards lointains perdus dans le sillage,
Plus large que le sien, plus long que ses soupirs,
Qui creuse au fond des mains leur vie en lignes sages.

Ses pensées vont aussi aux épaves englouties,
Comme ses grains de blé au fond de la matière,
Sous le vitrail d'étoiles qui scintille sans bruit,
Tintant sur le corail qui croît au fond des mers,
Et pour s'étaler plus, en font des tumulus.

Nos vies sont champs de blé qui de rouge, ont des touches,
Coquelicots en fleurs sont des bouquets fragiles ;
En lieu du grain levé, comme on ferme une bouche

Si Dieu les a semés que personne n'y touche,
Tels fanaux rouges en mer qui en danses graciles
Scintillent dans la nuit en repères faciles.

Les Laboureurs du Monde, marins ou Capitaines,
Sous le Croissant d'Orient, l'Etoile de David,
Chrétiens ou Orthodoxes, dans la joie ou la peine,
Ont tous ce paradoxe qui les rend intrépides,

Que d'avoir pour emblème sans en avoir fait le choix,
Et que nous portons tous en couronne d'épines,
Du timon de charrue, un peu comme un insigne,
A l'ancre de Marine où figure la Croix.

Marins et Laboureurs, au soir de votre vie,
Ne vous étonnez pas en regardant vos mains,
Tordues par le labeur et le temps qui s'enfuit,
Et pensez à tous ceux perdus sur ce chemin.

Le Père du Timonier.

6 Mars 1998
A mon fils Laurent
Et à mon Parrain Simon

La pêche et la moisson

Le semeur dans son geste ouvre une aile en un bras,
Et dans ses grains de blé c'est sa vie qu'il déploie,
Qui retombe aux sillons pour la tenir captive,
Il l'enfouit sous ses pas d'où il la veut native.

Lui qui se voit géant au milieu de moissons,
Il n'est que particule dressée sur ses talons,
Au creux de plis soucieux d'une mère attendrie
Par son front couronné d'un diadème d'épis.

Et quand son autre enfant dans son geste à revers
Ouvre son épervier, filet d'enfant pervers,
Pour s'emparer de vies croissant dans les grands fonds
Elle fait taire pour lui sa désapprobation.

Elle préfère sans bruit offrir sa tolérance ;
Cette mère des vies n'a pas de préférence
Des pêcheurs aux semeurs qui en gestes célestes,
Ne font que subsister par des appâts terrestres.

Et en offrant sa dot, si l'un plante sa vie,
C'est en fils prévenant qu'il lui rend et sourit,
L'autre en frère Iscariote la lui vole en son nom,
Le pêcheur n'a jamais prévenu le poisson.

Et les deux, sans savoir, font inlassablement
Ce geste maladroit qui toujours les surprend,
De la douleur de naître, d'apparaître en pleurant
Pour suspendre leurs cris aux filets dérivants.

Mai 1998

Le Fruit d'une vie

C'était un paysan, laborieux, solitaire,
Qui pour survivre au Monde se louait chez les gens
Des fermes alentours, pour remuer leurs terres
Et manger, et dormir, contre très peu d'argent.
Tout ce qu'il avait fait, du moins jusqu'à présent,
Ne donnait rien de bon, sauf cette vie austère,
Et un lopin de terre qu'il tenait de parents,
Dans le creux d'un vallon entouré de mystères.

Un jour il découvrit au marché de la ville,
Un arbrisseau très rare, aux dires du marchand,
Donnant un fruit magique, préservant du péril
A venir, sans pouvoir l'assurer pour autant.
Il l'emporta chez lui, le planta sur-le-champ.
Tenta aussi la greffe apprise de son père,
L'arrosa et retourna, à ses travaux courants,
Avec le cœur léger qu'a celui qui espère.

Et des années durant, ce grand cœur solitaire,
Près de l'arbre souvent passait des heures entières,
A protéger du froid, des curieux, des mégères,
Son petit arbre-Roi, en comptant les hivers.
Il faisait place nette face aux mauvaises herbes,
Lui faisait prendre forme aux feuilles du Printemps,

Engraissait ses racines, pour le rendre superbe,
Allant même parfois à lui parler longtemps.

Il allait tous les jours, et en toutes saisons,
Regarder cet arbuste qui semblait démentir
Son parcours douloureux et sa vie sans raison,
Qui semblait éloigner le malheur et le pire.
L'arbre était devenu fier et majestueux,
Puis un bourgeon paru sur le bout d'une branche :
Le laborieux tenait ce si rare et si précieux
Espoir qu'il espérait, dans sa vie sans revanche.

Une fleur a suivi, flamboyante en couleurs,
Et puis elle a grandi, courtisée des abeilles,
Attirées d'un parfum répandant le Bonheur,
Puis faisant naître un fruit tout gonflé de soleil.
Sa croissance étonna notre bon travailleur,
Qui l'observait d'en bas, qui se posait question,
De soustraire un butin du pire pour meilleur
Au cas où le malheur frapperait au Vallon.

Rêvant de replanter des graines de son fruit,
Ne sachant pas jusqu'où irait cette croissance,
Aux Gens d'armes du coin, sans trop faire de bruit,
Il conta l'existence de son arborescence.
Et comme une marée, chaussés de grandes bottes,

Ils vinrent au lopin examiner « l'objet »,
Le cueillirent et le passèrent sous la toise entre autres,
Et lui firent subir des examens complets.

Tant et si bien qu'au bout d'un certain laps de temps,
Ils le lui ramenèrent dans un état piteux,
Sans parfum, ni éclat : le fruit confié aux Gens
D'armes où d'ailleurs, était mort-né chez eux.

C'est las un silencieux, laborieux, solitaire,
Marchant dans le désert de sa tête à présent,
Qui ne voit les couleurs de ceux qui désespèrent
De ce qui fait son monde,
A l'envers,
Pour longtemps.

14 Mars 1998 (Un mois)

L'Expérience est un arbre
Qui ne donne d'ombre
Qu'à celui qui l'a planté.

Confucius

L'Antichambre

De l'incrédulité,
A ce refus de croire,
D'accepter seulement
Que cette main qui serre,
Que ces yeux qui se moirent
Vont se fermer vraiment,
Et leurs palpitations se ralentir déjà...
Voir la Vie attirée par une perspective
Qui s'étire en un point que l'on ne peut plus suivre...
Que la vue perd au loin
Masquée par le chagrin,
Qui cherche dans un livre,
Sur un mur et le ciel,
Un signe sûr....
Une étincelle.
Ce besoin affolé de lui passer devant,
Et les bras écartés de lui barrer la route,
L'empêcher de passer,
Et retenir le doute,
Pour ne pas rester seul,
Sans père,
Et sans enfant.

Voir son père vivant

Malgré les pires maux,
Son corps dans le courant flottant comme un drapeau,
Les ongles de l'esprit enfoncés dans la berge,
Ses yeux fermés,
Son souffle court,
Et sentir son cœur sourd
Qui doucement s'immerge.

Effleurer tendrement
Les cheveux de son Père,
Qui essaie de répondre par des balbutiements,
Lui dire de se battre malgré son désespoir,
En équilibre aveugle sur le fil d'un rasoir,
Et sentir dans la haine,
Ce levier d'Alzeimer
Ecarter le maillon déjà bien entrouvert,
Qui va faire céder
L'autre bout de la chaîne.

Septembre 1998
La Perdrière

CHAPITRE 7

POUR MÉMOIRE

Au nom du père,
A ceux...
Le Temps du Bonheur
Ne dites pas
Leurs Âmes
A quoi bon
Aux bouts des Doigts

Au nom du père,
Et du fils...

On lutte et on se bat
Pour survivre ici-bas,
Puis viennent nos enfants, dans un élan d'amour,
Et la Vie nous fait croire qu'on les aura toujours.

Cette fonction suprême de transmettre la vie
Est paraît-il un don, c'est Dieu qui nous l'a dit.
D'avoir été trop bon, pourquoi l'a- t-il repris.

En lui donnant sa vie, j'avais transmis ce don,
Et sa mère avant moi, n'avait d'yeux que pour lui,
En partant, son garçon ne s'en est-il servi...

Ses dons étaient en nombre, sa vie seule en atteste,
Et dans ces heures sombres où la raison proteste,
Il nous reste son ombre seul don de vie modeste.

On croyait le chérir,
Il nous a échappé,
Sans savoir que mourir pouvait nous révéler
Que dans ses souvenirs, que lorsqu'il nous est né,
On voulait le construire...
Dieu nous l'avait prêté.

Parents soyez prudents
Vos enfants sont un gué
Qui aide seulement à faire traverser
Cette vie, ce torrent,
Où tout peut basculer.

28 Février 1998

A ceux...

Aimant la Vie,
Et particulièrement
Ceux, qui affrontent la Mort,
Et puis surtout à ceux qui avaient des enfants,
Et en particulier, garçons ou filles uniques.
A ceux qui voient qu'ils ne croient plus au Père Eternel,
Pas plus qu'au Père Noël.
Bien plus à ceux qui ne demandent plus de cadeaux à la Vie,
Parce qu'ils ont trop donné,
De leur cœur, de leur vie, de leur âme, et de leurs larmes.
Aussi à ceux qui n'avaient rien demandé.
Et particulièrement à ceux, dont les vieux demandent à en finir,
A ceux qui ont vu leurs pousses se tordre de douleur, et qui sont restés seuls,
Se torturant de pleurs, de haine, de jalousie, d'injustice,
d'effondrement, d'esprit au néant,
Les yeux rougis et brûlants.
Particulièrement aux nuits éveillées pour plus rien,
Aux jours obscurcis, aux lendemains fermés.
Pour ceux qui cherchent sans fin un signe, un geste,
Un "parce que",
Différend du mystère en réponse à leurs "Pourquoi".
Pourquoi moi, pourquoi lui, pourquoi maintenant et ici.
Particulièrement à cette vie en boucle, ce cylindre de foire,

Ce cylindre en miroir, qu'on ne peut traverser pour en voir tout l'envers.

A ceux qui y montent, croisant ceux qui descendent

A ces douleurs brûlantes qui glacent les images.

A ceux qui sont frappés, stupéfaits, incrédules,

A ceux qui se morfondent,

Qui s'isolent, et qui pleurent,

Qui se taisent, et déambulent,

Qui s'insurgent et se révoltent.

A ceux qui crient dans le désert,

Ceux qui fixent des portraits,

Ou relisent des lettres,

En touchant des reliques.

Qui écrivent aux pages blanches,

Et les savent sans réponse.

Et tout particulièrement,

Aux Mères,

Aux Pères,

Qui voient leur maison,

Effondrée, ravagée, calcinée et fumante.

Et qui ne peuvent plus,

Pénétrer dans leur tête,

Fermée, vidée de sens,

D'amputation,

D'abnégation,

D'humiliation,

De sentiments,
D'Amour,
De Néant, ...de Néant,
De Vie,
De rien.

Fiât voluntas tua

Le Temps du Bonheur

Le bonheur se partage à l'abri de ses ailes,
Il gonfle tant le cœur qui n'est plus assez grand,
Qu'il déborde et jaillit, tellement qu'il ruisselle
Pour abreuver tous ceux qui le poursuivent tant.

Mais quand ce grand soleil est frappé d'une éclipse
Et qu'un grand disque noir vient voiler ses clameurs,
La peine qui nous cerne tournoie dans une ellipse
Qui maintient à l'écart de sa fronde en douleur.

Et dès lors on assiste, impuissants au carnage
De ce monstre féroce qui surveillait nos pas,
Qui déchire et qui broie, aveuglé par sa rage,
Puis s'éloigne repus vers de nouvelles proies.

Ces vies que nous menons sont alors dérisoires,
Et l'on regarde mieux cette fuite en avant,
Ces passions journalières, souvent contradictoires,
Dissimulant aux yeux autre chose de grand.

Car ces courses à l'argent, aux honneurs par le rang,
Pour le regard des autres qui nous reste tenaces,
A ces signes extérieurs qui deviennent insultants
Pour le qu'en dira-t-on toujours aussi vivace.

Ces courses ont le néant pour ligne d'arrivée,
Plus le temps s'accélère et plus elle recule
Le décor des années filant sur les côtés,
Le jour où tout s'arrête, on recherche un pécule.

Ce pécule on l'avait, il était à nos pieds
Et il levait vers nous ses yeux pour seul discours,
Il s'appelait l'Enfant au destin oublié,
Et il n'avait que vous comme tuteur d'Amour.

Mai 1998

Ne dites pas

Ne dites pas à ceux, accablés par la peine,
Qu'il est bon de pleurer si l'absence les mord,
Ne dites pas non plus en des paroles vaines,
Que tout ça c'est la vie, quand ils parlent de mort.

Touchez-les simplement et restez auprès d'eux,
Fondez-vous aux silences au bout des regards fixes,
Souvenez-vous du temps où ils étaient heureux,
Devenu à présent les cendres d'un Phénix.

A moins d'avoir marché sur leur chemin de braises,
Et d'avoir rencontré, quelques temps avant eux,
L'empilement des jours, l'isolement qui pèse,
Cette envie de partir, n'importe où, devant eux,

Surtout ne dites pas, dans ces instants funestes,
A ceux qui portent en eux celui qui est parti,
Que le plus malheureux n'est pas celui qui reste,
Mais bien celui qu'on pleure ; vous n'avez rien compris.

Quand votre tour viendra, car la vie n'est jamais
Qu'un fil d'Ariane en soie, et dont chacun ignore
Ni la longueur des jours qu'il lui reste à vider,
Ni quand il cassera, d'un soir ou d'une aurore,

Quand votre tour viendra, vous sentirez tous ceux
Accablés par la peine qui seront près de vous,
Et vous prendront le bras pour ce dernier à Dieu,
Vous diront "je suis là",
Et vous comprendrez tout.

Mai 1998

Ici-bas la douleur, à la douleur s'enchaîne,
Les jours succèdent aux jours,
Et la peine à la peine.
Lamartine

Leurs Âmes

Ceux-ci, cueillent des fleurs,
Ceux-là, des champignons,
Pour en voir l'intérieur, on casse des moellons,
Il y a les gueules noires,
Qui creusent le charbon ;
Leur cousins spéléos découvrent des siphons.
On fracasse à la mine
Le ventre de la Terre,
En louant par un Hymne, les essais nucléaires.

Et pour faire ces gestes où l'être humain s'obstine,
La Nature le leste, lui fait courber l'échine,
Durant toute sa vie fait peser sur son dos,
De ses anomalies, petits et gros fardeaux.

L'Homme, qui paraît-il, est doué de raison,
Ne sait plus s'élever, en se penchant, il tombe.
Ne regardant le ciel sortant de sa maison,
Que pour voir la clarté qui contourne son ombre.

Les enfants innocents,
Ont seuls, ce privilège
De jouer dans le vent, ils nous font découvrir
Que lorsqu'on fait semblant, nos vie se désagrègent,

Et qu'en les écoutant ils disent l'Avenir.

De la même façon, parents qui m'entendez,
Quand vous tenez la main de vos anges célestes,
Sentez leurs petits doigts sur vous se refermer :
Ils ne connaissent rien de l'attraction terrestre.

Leurs âmes sont pareilles
A leurs ballons d'hélium,
Qui s'élèvent aux Cieux en ondoyant dans l'air,
Que nous suivons des yeux,
Désavouant Newton,
Peinés par le chagrin qui les rends solitaires.

Mars 1998

A quoi bon

A quoi bon renverser le sablier de nos vies
Pour remonter le temps désormais interdit,
Comme le sable s'écoule au travers de nos doigts,
Comme un poisson remonte l'onde des rivières
Alors qu'elles les dévalent en repoussant hier.
Il est tant de navires par l'océan enfouis,
Et de marins navrés qui recherchent leur vie ;
Et tant de gueules noires qui cherchent la lumière,
Etouffées par le noir, et devenues poussières.
Il est tant d'enfants soldats, dormants dans leur destin,
Et leurs mères éplorées qui pleurent dans leurs mains.
Il est tant d'alpinistes pendus aux doigts d'acier
Aveuglés de lueurs par l'astre des sommets,
Qui, le cœur brisé dans l'ombre des vallées,
A l'ultime regard du début de leur chute.
Est-ce ainsi que les amours meurent,
Quand le temps rouille les cœurs,
Et les tord dans sa mémoire.
Parce qu'un bûcheron,
Quand il abat un chêne
Il abat ses soupirs,
Sur l'hôtel « Souvenirs ».
Comme un silence lourd et pesant,
Enrobe des gisants,

Le temps s'est arrêté, et les écrits aussi.
Il faudra donc poursuivre le reste de sa vie,
En quête de tourments qui font battre les cœurs
De chamades en regrets, mais aussi de rancœurs.
J'aime la vie,
Parce qu'elle m'a fait naître,
Parce qu'elle m'a fait te connaître
Dans ces fragments intenses,
De souvenirs si denses.
J'aime la vie, et la déteste aussi
Pour ce qu'elle m'a fait vivre
En ces choix douloureux,
Et tous ces chemins pris
Masqués en tromperies.
De ne savoir pas distinguer des choses le vrai prix,
D'enfermer l'essentiel dans un cœur trop petit,
Et de le conserver des regards, à l'abri.
Il est tard maintenant, et en se retournant,
La trajectoire se perd sur un fil bien changeant,
Le destin de chacun se fixe au balancier
Agrippé par ses mains et ses doigts bien serrés.
Or, il ne tient rien que son propre destin,
Et le hasard en dispose, comme du lendemain.
Il existe dans le secret des jardins,
Des miroirs bien cachés aux yeux des malandrins,
Et qui ne se révèlent au jour, qu'aux initiés.

Que dans les cœurs bien purs ou les belles pensées.
Dans les soirs de tempêtes et de mélancolie,
Ce labyrinthe en couleurs fait de mots interdits,
De regrets et de remords aussi...

A ceux qui savent
Février 1999

Aux bouts des Doigts

Nos Vies qui ne sont que clefs perdues
Qui ne serviront plus,
De ne savoir où, ni pourquoi
Elles ne serviront pas.

Celles qui ouvraient vraiment
Où se trouvaient leurs doubles,
Ce qu'elles fermaient souvent,
Dans les peines et les troubles

Combien de tours à faire
Pour ouvrir un enfer,
Ou bien des cris de Joies
Ou sinon, des larmes parfois.   .

Des serrures orphelines
Attendront aux dormants,
L'hypothétique union
Soit d'un Prince charmant,
Ou vil voleur d'illusions.

Et les deux séparées,
Dans la jungle des vies,
Pour l'une fracturée,

Pour l'autre ensevelie.

Au fin fond d'un tiroir,
Dans la nuit d'un mouroir,
Serviront en décor
Dans les bras la mort...

Repose-Toi humain....
La nuit sera longue...
Mais l'une et l'autre
Resteront Inséparables.

...A jamais....

1er juin 2024
A ceux qui savent

CHAPITRE 8

SENTENCES

Spirales
Diable de Vies
Le diamant

Spirales

"La biche brame au clair de lune
Et pleure à se fondre les yeux,
Son petit faon délicieux
A disparu dans la nuit brune"...
Ces quelques vers appris par cœur,
En tablier de Vichy bleu
Et récités avec candeur,
Sont aujourd'hui bien ténébreux.

Ce dernier titre qui restait,
Qui me venait de lui en devenant son père,
S'évanouit à tout jamais
Au plein cœur de sa nuit, sans l'espoir d'un éclair.
A quoi bon l'appeler, ma mémoire résonne
De ses éclats de rire, du timbre de sa voix,
Après la sonnerie, pendue au téléphone,
Qui ne me fera plus entendre ... allô, Papa ?

A tous ceux attentifs à ce nouveau chagrin,
Qui nous disent souvent qu'il faut tenir debout,
Comment leur expliquer ce sentiment soudain,
Cette gifle inconnue, cet étau dans le cou,
Cette douleur sans plaie, cette voie d'eau qui entre
Et qui noie un par un tous les compartiments

Des joies et des espoirs, dont il était le centre
D'un cercle de famille tracé de noir et blanc

Quand un homme a tué, et condamné à mort,
De fait, on le délivre au nom de la justice,
Car tous ceux du défunt qui portent ses remords,
Sont condamnés à vivre un solde de supplices.
Murés par des spirales de pensées insondables
Aux barreaux invisibles et sans mur de prison,
Emergent du passé des images immuables
Qui ébranlent et fissurent les murs de la raison.

Aux silences qui parlent, aux douleurs qui taraudent
Ce point dur de ma vie où la conscience bute
Et qui lance son arche, pour cette mort en fraude,
A la Polynésie dont le nom persécute.

Je sais qu'il nous faudra, sous les fourches caudines,
Passer par cette loi qui torture et qui pince
Chacun de tous nos pas qui cherchent où se confine
Le souvenir de Toi, unique Petit Prince.

25 Avril 1998

Diable de Vies

Du zénith au nadir, nos vies sont à l'envers,
Dans ce combat des Dieux, qui se livrent au partage,
Qui fait vivre ou mourir, dans ce long bras de fer
Où l'athée et le pieux, font de nous des otages.

L'Univers est à Dieu, la Terre à Lucifer,
A l'image de l'un, nous devons rendre hommage,
Inoculé par l'Autre, l'Esprit serait pervers,
Et tressé par les deux, nous vivons ce carnage.

C'est en parties d'échecs, que nos vies les opposent,
Nous faisant miroiter interdits et plaisirs,
Dont on croit disposer, alors qu'ils les imposent
Aux pauvres gladiateurs qu'ils font vaincre ou périr.

Ils s'observent en jouant des diagonales folles,
Sur l'échiquier de Vie contre celui de Mort,
Tournant nos sabliers, chacun à tour de rôle,
Le Temps est imparti aux regrets et remords.

Leurs coups dévastateurs frappent nos existences,
En sectionnant les nerfs du Cœur et la Raison
De cette vie prêtée, aux fins d'une expérience
D'officine Céleste s'opposant au Démon,

Qui veut savoir jusqu'où, ira la résistance
Des Ames ballottées aux flots des tentations.

Je veux croire que Dieu, devant tant de souffrances,
Avant trop de dégâts et saignantes lésions,
Vienne "De Profundis" récupérer l'Alliance
Que nous tenons de lui, hors la loi du Talion.

A l'image d'un Père, insupportant l'absence
De son Fils crucifié aux lances des Légions,
Il l'a ressuscité, par ses pouvoirs immenses
Pour qu'Il vive à sa droite, sa Réincarnation.

Sa douleur était-elle plus vive que la mienne,
Qu'il ne m'est pas permis de posséder ce Don,
Est-ce un péché d'orgueil, qu'il faudra que j'éteigne
A l'âme de mon fils, gagnée par le Démon.

Où est-ce qu'il l'a perdue, en échangeant la sienne
Contre celle que j'ai avant le Rubicond.
Qu'il vienne me chercher, avant que la faux vienne
Car la vie qu'il me reste, n'a plus de tentations.

Mars 1998

Le diamant

Comme un diamant jeté de par la baie d'un train,
Et voir tout le néant dans le creux de ses mains ;
N'en sentir l'absence que par le poids du symbole,
Qui par ce geste fou, vont brûler des paroles,
Des spectres et des images, et tourmenter des nuits
Jusqu'au bout d'une vie, sans cesse... et sans répit.

Bien sûr, on papillonne, on vibrionne, on survit,
On se sent lourd parfois, et douloureux aussi ;
On voit des gens, on œuvre et l'on sourit,
Mais confusément le corps ne suit pas comme avant ;
On effleure le pourquoi, on le frôle sans voir,
Le malaise est « malin », il reste dans le noir.

Et puis, dans le silence lourd d'un soir d'hiver,
L'esprit approche enfin, d'une lueur ou d'un cratère,
Dans les braises d'avant, affouillées à mains nues,
Comme un évènement brutal, inattendu,
Les yeux se décillent et distinguent un diamant
Dressé et fier, dans la cendre des jours ardents.

On tend la main, ouvrant les doigts,
Pour saisir le joyau enfoui,
Et l'esprit dit : as-tu le droit,

De déranger un repos éblouit ?
C'est toi qui l'as brûlé, tu n'as plus aucun droit
De reprendre un chef-d'œuvre, qui par toi est détruit,
Laisse-le sommeiller et s'éteindre cent fois.

Pars, n'y pense plus, va traîner tes chagrins,
Par ton corps défendu, les déserts et les nues,
Frappe ta coulpe et brûle- toi les mains,
Va te perdre en enfer mais pars, n'y touche plus.
Mais que fait-il sans moi, et sait-il que j'existe ?
Ça n'est pas ton souci, ici n'est pas ta piste.

Mais l'on a tant cherché, par l'exprès ou hasard,
Par des ombres fugaces, des fresques effacées,
Que l'on s'en croit construit, habité et à part,
On veut savoir pourquoi, comprendre ces années,
Ces douleurs qui s'enchaînent à la peine, et le brouillard ;
La pensée ne suffit plus, les actes et les paroles pas plus.

Et quand le bijou est à portée de main,
Voilà qu'il se détruit, et les espoirs aussi ;
On ne demandait rien,
D'autre qu'un pardon, un regard ou un cri,
Contentez-vous d'être en vie,
D'avoir trouvé ce que vous cherchiez,
Et poussez plus loin votre chemin...

But that's not the shape of my heart
Sting

CHAPITRE 9

HISTOIRES ET PENSÉES

La balle
Les Chiens et la Colombe
A Letia Ténidora
Sorts et Hasards

La balle

Elle vînt buter contre son pied, tournoya un instant et s'immobilisa.

- « Bonjour monsieur...tu attends quelqu'un ?
- Euh...non, pas vraiment.
- Tu fais quoi alors ?
- Je regarde les enfants...je te regarde.
- Si tu veux, tu peux jouer avec moi...
- ? ...bien sûr.
- Les grands, y veulent jamais jouer avec les enfants, ils s'ennuient.
- Bah ! C'est parce que...ils sont trop grands, ils ne savent plus, ou ils ont oublié, et puis...ils n'ont pas beaucoup de temps.
- C'est ça ! Ils disent toujours : « j'ai pas le temps, plus tard, on verra plus tard » C'est quand plus tard ? ...Moi, quand je serai grande, je jouerai quand même !
- Hum...tu feras quoi, quand tu seras plus grande ?
- Docteur pour enfants, parce que...ils sont tristes et en plus, ils sont tous seuls.
- C'est un beau métier.
- Et toi, tu fais quoi ?
- Je...je dessine des maisons.
- Comme à l'école !? C'est un travail ?

- Oui et non...tu en dessines aussi, toi, des maisons ?
- Oh oui ! Et plus tard, j'en aurais une, une grande, avec des grandes fenêtres pour le soleil, et plein de monde dedans !
- Quel monde ?
- Mon papa, ma maman, mes enfants...enfin, plein, tout plein !

Elle s'était appuyée contre le banc, et faisait sauter sa balle dans sa main sans arrêt.

Elle ne regardait qu'elle, et de fait, il semblait qu'elle lui parlait directement.

- Tu as des enfants, toi ?
- Oui...un. Un garçon.
- Il est où ?
- Il est...très loin...
- Et alors tu es triste, c'est ça ? Il faut pas ; regarde, moi je suis toute seule au square, mais je sais que mon papa et ma maman sont pas loin. Je sais qu'ils me regardent par la fenêtre de temps en temps. Et des fois, je leur parle...même s'ils sont pas là. Mais je leur dis pas hein ?
- Pourquoi ?
- Pour pas les inquiéter tiens. Ils diraient que je suis folle ou sorcière. Tu y crois, toi, aux sorcières ? ...et aux génies ?

- Ben...non. C'est des histoires ça. Quoique...des fois...
- Tu y crois ! Mais tu es comme moi : tu as peur qu'on se moque de toi. On a tous un génie qui nous surveille et qui nous protège...même loin. Et des fois, on l'a à côté, on le voit, mais on le reconnaît pas !
- Tu crois ?
- Je suis sûre ! Et tu vois, ton garçon, même loin, il est peut-être ton génie. Monsieur le curé, il se trompe, il dit « ange gardien ». Mais moi, je sais que c'est des génies. Parce que les génies, ils ont pas de casquette, comme le gardien du square. Pourtant, il nous surveille et en même temps, il protège les fleurs. Il veut pas qu'on aille sur les pelouses, il dit : « c'est...in...ter...dit ! ». Moi je suis d'accord, à cause que je m'appelle comme elles.
- C'est vrai...il faut écouter.
- Ecouter ! Il faut toujours écouter ! Ecouter le Gardien ! Ecouter la Maîtresse ! Ecouter le Docteur ! Ecouter les Parents ! Et nous...personne nous écoute ! On dirait que les grands nous voient pas. Ils sont...trop hauts, Ils voient trop loin, ils parlent trop fort et ils font tout vite. Ils sont habitués qu'on est là et même des fois, on les gène...
- Ah bon ? ! Comment ça ? ...
- Ben, ils disent...pas le temps, pousse-toi, va dans ta chambre, on verra ce soir. Et le soir, ils disent « Allez, au

lit ! ». Alors…je leur parle au lit. Mais ils n'entendent pas, bien sûr…Tu lui parles, toi, à ton garçon ?
- Oh oui…très souvent…
- Alors…il a de la chance. Et, il t'écoute ? …
- Je crois…j'espère, …je saurais plus tard…
- Tu sauras quoi ?
- Et bien…s'il me pardonne de pas m'être assez occupé de lui quand il le fallait, ou quand il en avait besoin, ou quand il avait peur ; ou pour savoir s'il était sûr que je le voyais.
- Tu le voyais pas ?
- Je sais pas…
- T'es aveugle ?
- Non, non…mais tu sais, les grands, ils sont toujours attirés par des choses nouvelles. Ils sont comme des pies devant quelque chose qui brille : un nouveau travail, une nouvelle voiture, ou une émission, ou un voyage au loin, enfin…ils cherchent toujours ailleurs. Alors, tout ça fait que…on ne sait plus ce qu'on a devant soi, et…on marche sur les pelouses sans y faire attention. Ils passent leur temps à se demander ce que les autres pensent d'eux. Mais c'est du temps perdu, parce que les autres, tout ce qu'ils veulent savoir, c'est ce que nous pensons d'eux. C'est pour ça que nous, les grands, on n'a pas le temps.
-

Elle faisait tourner sa balle à toute vitesse entre ses mains, en la fixant du regard et en hochant la tête à chaque tour, comme pour approuver. Elle s'arrêta net :

- Faut pas être triste pour ça. Un papa et son garçon ne se quittent jamais des yeux. C'est comme moi avec ma maman : je la regarde et je fais tout comme elle, même si elle me dit rien et ben, j'écoute…C'est comme le Petit Jésus avec le Bon Dieu, son papa lui faisait faire des miracles de magie. Et tu vois, même une fois, il était mort et il devenu vivant ! Ton garçon, il est vivant non ?
- Je sais plus…
- Ah…et t'as pas de nouvelles, c'est ça ? …

Il eût un frisson, se redressa un peu et boutonna son manteau. Les yeux de la petite commençaient à s'embuer.

- Si, j'en ai ! …toutes les semaines. Il me dit…qu'il est bien, qu'il est à l'abri du bruit et du temps, et de l'injustice aussi…Mais…tu ne peux pas comprendre. Tu es trop petite.
- Tu vois ! Tu parles comme mon papa, des fois. Si tu me dis pas, je peux pas comprendre. La maîtresse, elle, elle nous explique, elle nous montre et après, on fait pareil, enfin…presque. Et après, je le montre à mon papa…mais il a jamais le temps.

Il repensait à Jésus et au Bon Dieu, il ne pouvait pas lui dire ce qui lui traversait l'esprit et qui lui semblait horrible : qu'un père puisse ordonner à son enfant d'aller se faire massacrer, tout en connaissant l'issue fatale, même pour sauver des hommes. Et que, même mal faite, la justice des hommes punit sévèrement de tels actes, ici-bas. Que croire ? Qui croire ? Quand, même les hommes se détournent seuls de cette voie. Tout comme ces feuilles mortes qui se détachaient de leurs branches sous ses yeux. Pourtant, elles semblaient profiter d'un instant de vie et de liberté, en tournoyant gaiement, bien que racornies, avant de se poser doucement sur la pelouse interdite de l'allée.

Et là, elles semblaient se traîner lourdement, certaines en raclant le sol, à peine agitées ou soulevées par un souffle de vent et de vie, qui passait de temps en temps.

- Alors ! ...tu joues !?
- Ah ! oui...pardon. Tu sais, je n'ai plus trop de t...Il va falloir que je rentre, j'ai un...je dois aller à....Enfin, il faut que je rentre quoi.
- Je comprends...Tu vas voir si tu as des nouvelles, c'est ça ?
- C'est ça, des nouvelles...
- Tu reviendras ?
- Peut-être...je ne sais pas ; oui...sûrement.
-

Il se leva, posa sa main sur les cheveux blonds de la gamine, vit son geste comme une ultime bénédiction et la retira vivement.

- A bientôt petite, ...c'est comment ton prénom ?

- Fleur ! mon papa dit que je suis son bouton...
- Au revoir Fleur, à un de ces jours.

Il fit quelques pas puis se retourna, en tenant le col de son manteau : Fleur était comme plantée au milieu de l'allée, et le saluait une dernière fois de son bras levé, agitant la balle qu'elle tenait dans sa main fermée.

Il lui rendit son salut de sa main libre...et vide, et reprit son chemin.

En souriant, il imaginait une petite géante qui tenait notre planète du bout des doigts, en la secouant comme on le fait parfois, avec ces petits globes de verre, d'où la neige retombe toujours.

Tout premier Novembre 1998
Toussaint

Les Chiens et la Colombe

Le Chevalier Cathare s'est encore évadé,
Au sol de sa prison pour être plus léger,
Il a posé son nom et son honneur aussi,
Pour se glisser sans bruit jusqu'au bas de sa Vie...
De casernes en églises ce Croisé malgré lui,
Qui survolait son temps, était sans ennemi
Contre la seule armure de son cœur simple et pur,
Et son humilité enchâssée dans ses murs.

Et si les Chiens de Dieu* par leurs veillées à Prouilhe
Le voulaient avec eux sans une Extrême-onction,
Le midi des coteaux a reçu sa dépouille
Entre Croix et Colombes sans Consalamentum.
On dit qu'il doit veiller les courbes de Pyrène,
De la trouée de Foix au pic du St Vallier,
Son dizenier au doigt pour suivre les neuvaines
Et le vol des palombes vers son âme apaisée.

S'il veille, il se souvient de croisades secrètes
Où sa Vie l'envoyait à l'assaut de la haine,
Depuis celle de Gaulle et par-delà les crêtes,
Jusqu'à la Germanie pour la Croix de Lorraine.
Il doit revoir aussi les Dragons du Tonkin
D'où ses trophées de guerre étaient de porcelaine

Qui exhalaient là-bas les senteurs du jasmin,
Et d'une toison d'or pour l'épouse lointaine.

Pour elle et ses enfants, qu'il n'a pas vu mûrir,
Il s'éloignait toujours des joueurs à mentir,
En taisant à jamais le sang indélébile,
Ne contant que rizières, les buffles ou les ports,
De ce peuple hors du temps qui captait son exil,
Par des lianes enserrant les grands temples d'Angkor.
Centurion missionnaire dans les contrées berbères,
S'il a brandi son glaive, le pommeau vers les cieux,
C'est que Volubilis ne valait pas sa terre,
Ni son clocher natal dressé au fond des yeux.

Il repose à Montaut, au bout d'un sacerdoce,
A l'ombre d'un cyprès qui lui chante le vent,
Et son corps a rejoint le martyr St Eudoce,
Qu'il croisait si souvent,
Quand il était enfant.

C'était mon Père,
C'était Papa.

Janvier 1999
*Dominicains : Domini Canis (les Chiens de Dieu)

A Letia Ténidora

Letia est une Dame, par un nom, consacrée,
Son torrent le proclame à la sérénité.
Elle est tout à la fois farouche, altière ou juge,
Mais elle ouvre ses bras à qui cherche refuge
Dans sa loi de silence traversé par l'airain,
Et dans ses yeux d'étoiles qui s'estompent aux malins.

Letia est une femme, son cœur est au secret
Par les voies de son âme prosternées à ses pieds.
Si elle ne se prend pas, elle peut bien se donner
A qui méritera sagement d'avancer,
A qui fera parler ses petras ancestrales,
Citadelle enchâssée dans sa vallée loyale.

Letia est jeune fille, sauvageonne et sucrée,
Qui de vert se maquille pour se dissimuler
En parures ouvragées par des sculpteurs à plumes,
Et des vaches sacrées qui brodent ses costumes,
Ornés de fins colliers d'émeraudes ou topazes,
Au lichen des rochers et aux feuilles d'ardoises.

Et puis, c'est une enfant. Son rire est une source
Qui se perd en chantant sur des berceaux de mousse,
Qui se joue des courants, des hivers et du vent

Quand au bord du torrent elle se penche, ...et attend.

Elle attend ses Parrains silencieux dans leurs forces,
François, Roch et Martin qui protègent sa Corse.
Elle les rejoint parfois, au son de sa pivana
Se mêlant dans le soir à leur douce paghjella,
Pour bercer un espoir par l'appel du colombu
D'un retour auprès d'elle, et d'un carrigonu.

Village de Letia St Martin. (Corse)
Septembre 99

Sorts et Hasards

- Bon, je pars...

- *Tu t'en vas ??*

- Ouaip... je dois y aller,

- *Et...tu vas où... ?*

- Il me faut me rendre à l'Evidence...

- *Et c'est Où ça ??*

- Ben...Ça dépend de beaucoup de choses,

- *Mais c'est loin alors...*

- Oui et non, selon le trajet à faire,
  Les difficultés de parcours...
  Et de la vie de celui qui s'y rend...

- *Ah...t'es pas tout seul alors... ?*

- On n'est jamais vraiment seul, tu sais...
  Faut passer des tas de difficultés...

Gravir seul des cols bien périlleux,
Traverser des mers et des tempêtes,
Des étangs et des rivières glacés,
Chacun calme ou tourmenté,
Des nuits tristes et sombres,
Et des jours aveuglants,
Et des impasses aussi...
Des crises lourdes et obsédantes...

- *Et ...y a des cartes ?? des GPS... ??*

- Pas vraiment non, je crois pas...
  Tout se passe de mémoire...ou à peu près...
  Et parfois cette mémoire déforme un peu les trajets...

- *Y a pas de panneaux... ??*

- A part ceux que l'on se fabrique, non...
  En fait, on sait ces chemins d'instinct...
  On les connaît déjà...
  Mais parfois, ils s'inscrivent en flou...
  Ils nous trompent,
  L'Esprit peut même inventer des voies à part...
  Tu verras, ...

Les métiers, le travail, l'attrait de l'argent, les tentations et

Les voitures, les femmes et les enfants, la belle maison,
Les loisirs et les dépenses, le paraître et les folies...
Les séductions aussi,
Et puis...de croire qu'on a le temps,
Pour tout, tout le temps, on se ment à sois même,
On se conforte, on se console,
On se promet des tas de choses, on se met des gifles,
Face à la Vie qui écrit inlassablement notre addition finale...
Quelle présentera, tôt ou tard...
En implacable qu'elle est, avec une claque magistrale...

- *Et c'est toujours pareil... ?*

- En prenant pour chacun des aspects différents.
  Oui.
  Selon sa naissance et sa famille, son niveau social, intellectuel,
  Et sa fortune, et son capital Génétique,
  Et sa sagesse ou pas, face aux excès en tous genres.
  Aussi selon la Vieillesse et sa Sédentarité...
  Se soigner ou pas, se nourrir ou pas,
  Et ne pas imposer au corps des tortures inutiles et vaines.

- *Alors, le parcours est compliqué à retrouver ?*

- Oui, On fait demi-tour souvent.
  On s'engueule, on en veut au Sort et au Hasard,

Au Monde entier, mais...
L'enfer, c'est toujours les autres, disait le Poète...
On délègue facilement, c'est plus confortable,
Et si on rate un carrefour, en voiture une marche arrière n'est rien,
En Esprit, tout se complique.

- *Et ça dure longtemps ce voyage... ?*

- Hum...je crois qu'il dure toute une Vie, ou une partie.
Certains l'appellent Expérience, ou Introspection,
Ou état des Lieux, constat aussi...Selon les Êtres,
Leurs réflexions et pensées en Peines et Regrets...

C'est pour cela qu'il me faut partir tôt,
Ne rien oublier, de paroles, d'actes, de lieux, de Gens,
De contextes précis, sur ces Chemins de Hasard
Sans boussole et sans fard,
Qu'on pensait oubliés, mais qui reviennent sans fin,
Sur le Fil d'Ariane qui a tressé chaque jour,
Nos existences en silences,
Gravés dans le marbre et le bronze,
Inaliénables compagnons
De nos jours noirs et de nos nuits blanches...
Avec, en haut de nos bâtons de Pèlerins ornés
Par des Coquilles St Jacques...

Le soleil se lève déjà...
Et mon ombre s'allonge derrière moi,
Elle va être lourde à porter.
Alourdie de toutes mes pensées anciennes et nouvelles,
Que sera Demain... ?

Voyage Interne
Pour Sacha
A ceux qui savent
Vaucluse Mai 2024

......................Fin

TABLE DES MATIÈRES

CHAPITRE 1	JE	15
CHAPITRE 2	TU	25
CHAPITRE 3	IL	67
CHAPITRE 4	ELLE	79
CHAPITRE 5	LA VIE	87
CHAPITRE 6	RÊVES NOIRS	99
CHAPITRE 7	POUR MÉMOIRE	115
CHAPITRE 8	SENTENCES	135
CHAPITRE 9	HISTOIRES ET PENSÉES	145

Vous pouvez correspondre avec l'auteur

timonierdhao@gmail.com